Joseph Haydn
(1732–1809)

Sonatas

Sonates

Sonaten

II

for piano • pour piano • für Klavier

Urtext

K 122

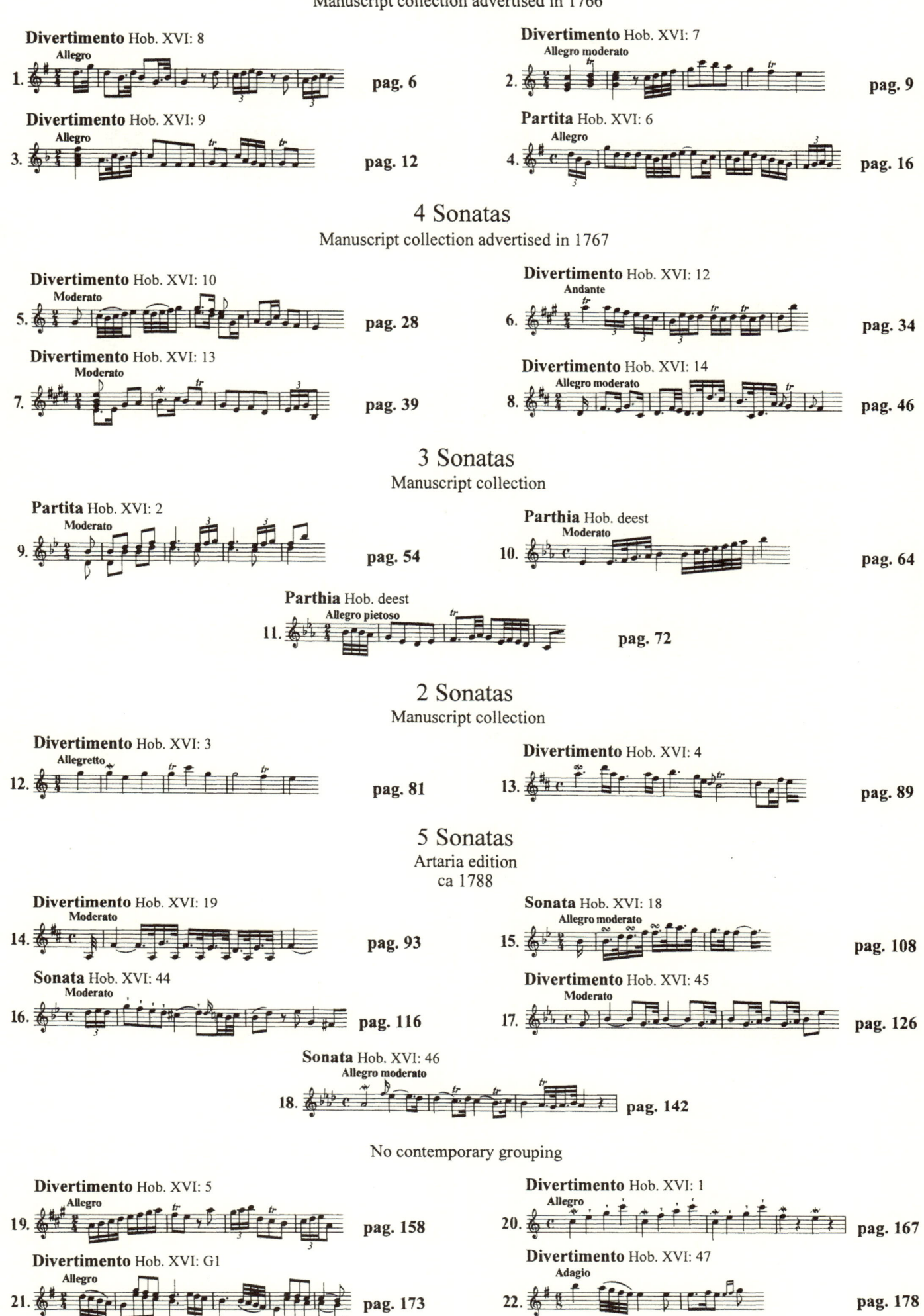

INDEX

II

6 Sonate („Esterházy" Sonate), 1774

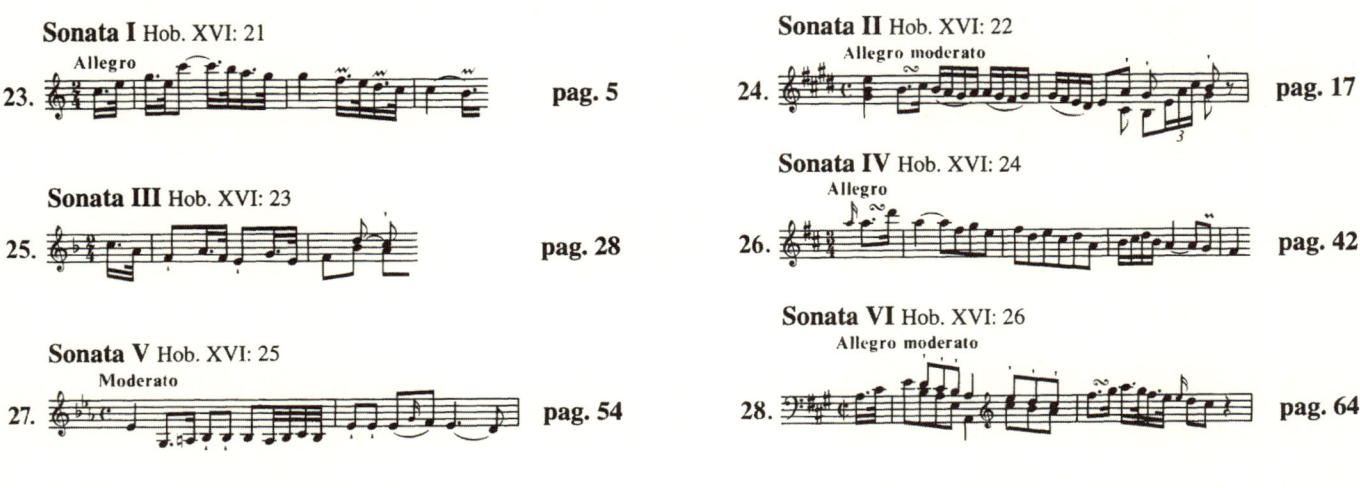

6 Sonate, 1776

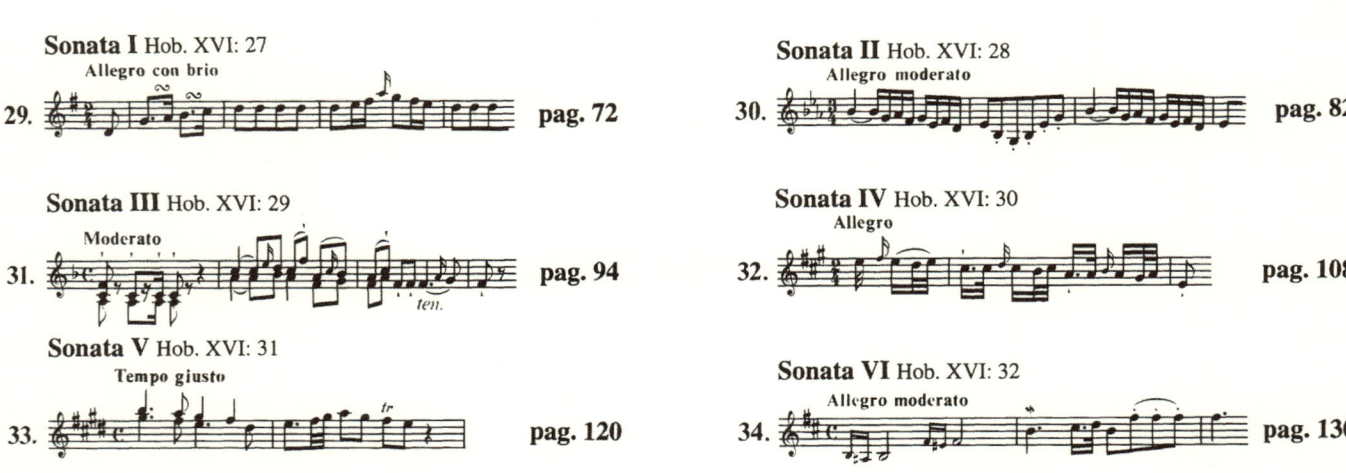

6 Sonate („Auenbrugger" Sonate), 1780

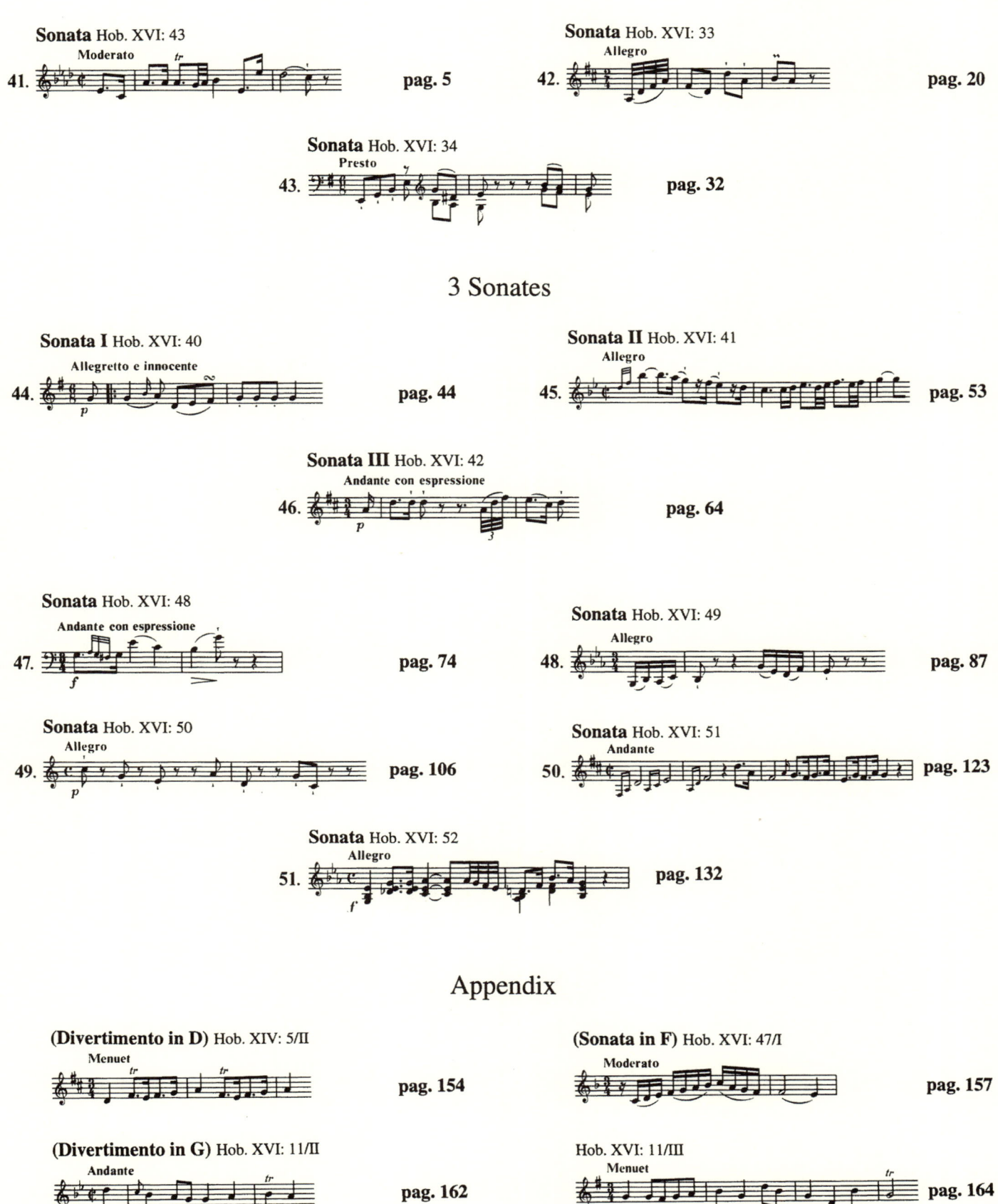

a Principe Niccolo Esterházy

6 Sonate
per Cembalo

Wien, 1774

Sonata I

Hob. XVI: 21

Finale
Presto

Sonata II

Hob. XVI: 22

Finale
Tempo di Menuet

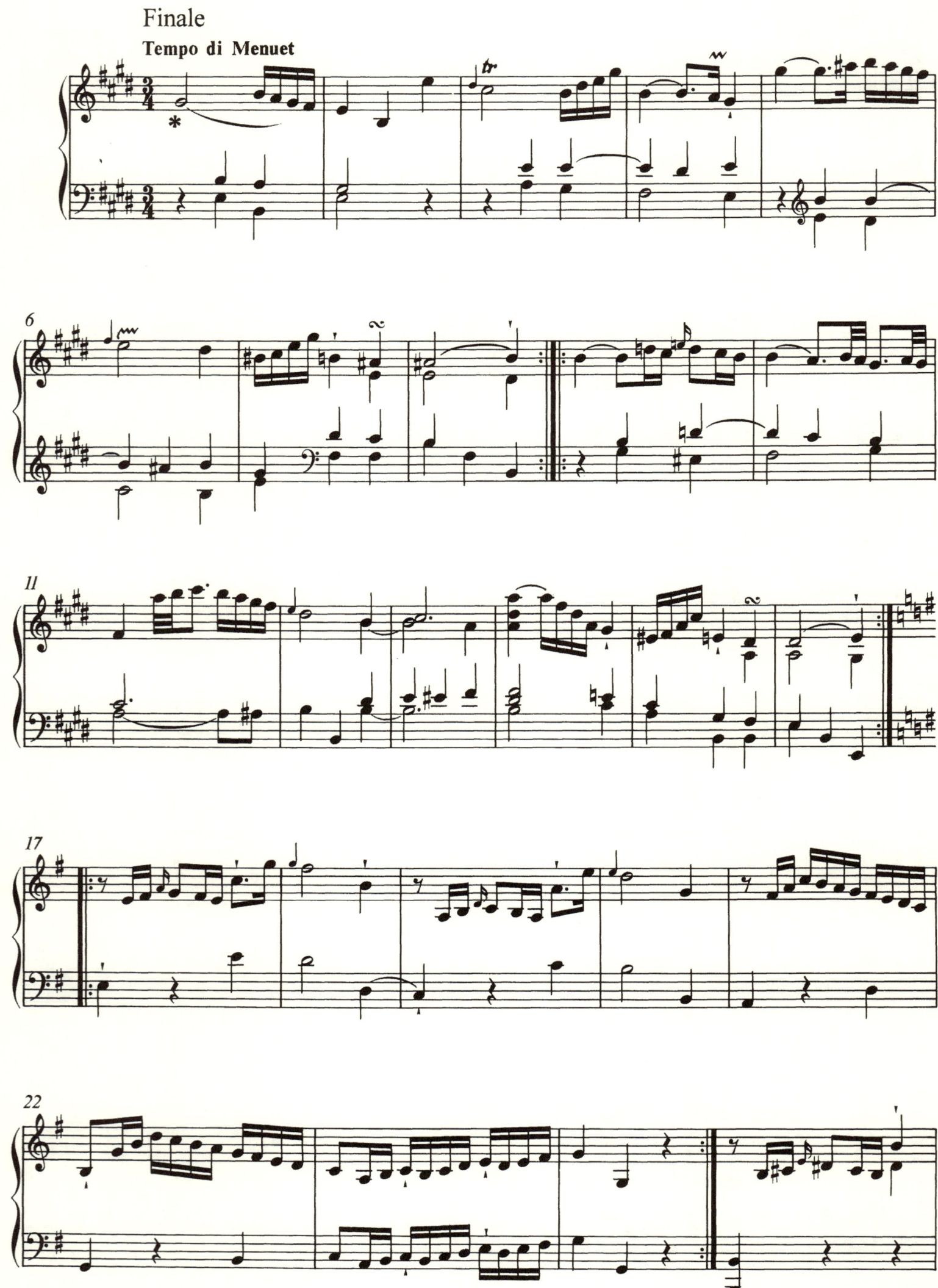

Sonata III

Hob. XVI: 23

Finale
Presto

Sonata IV

Allegro

Hob. XVI: 24

Sonata V

Hob. XVI: 25

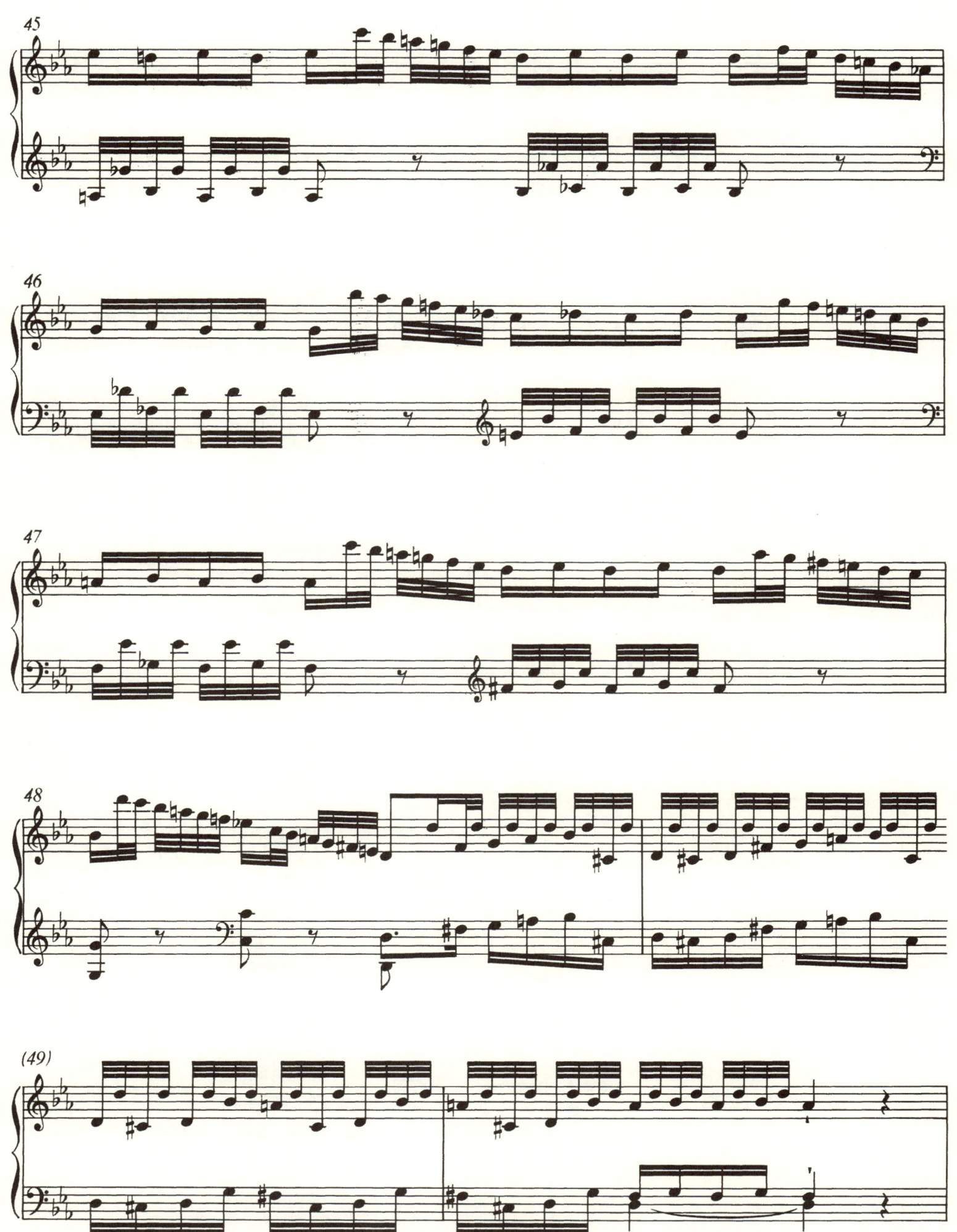

Sonata VI

Hob. XVI: 26

Menuet al rovescio

Menuet da Capo

Finale
Presto

K 122

6 Sonate
per Clavicembalo

Wien, 1776

Sonata I

Hob. XVI: 27

Menuet

Menuet da Capo

Finale
Presto

78

K 122

Sonata II

Hob. XVI: 28

Menuet

88

K 122

Trio

Menuet da Capo

Finale
Presto

Sonata III

Hob. XVI: 29

Sonata IV

Hob. XVI: 30

Allegro

32.

K 122

Tempo di Menuet
Cantabile

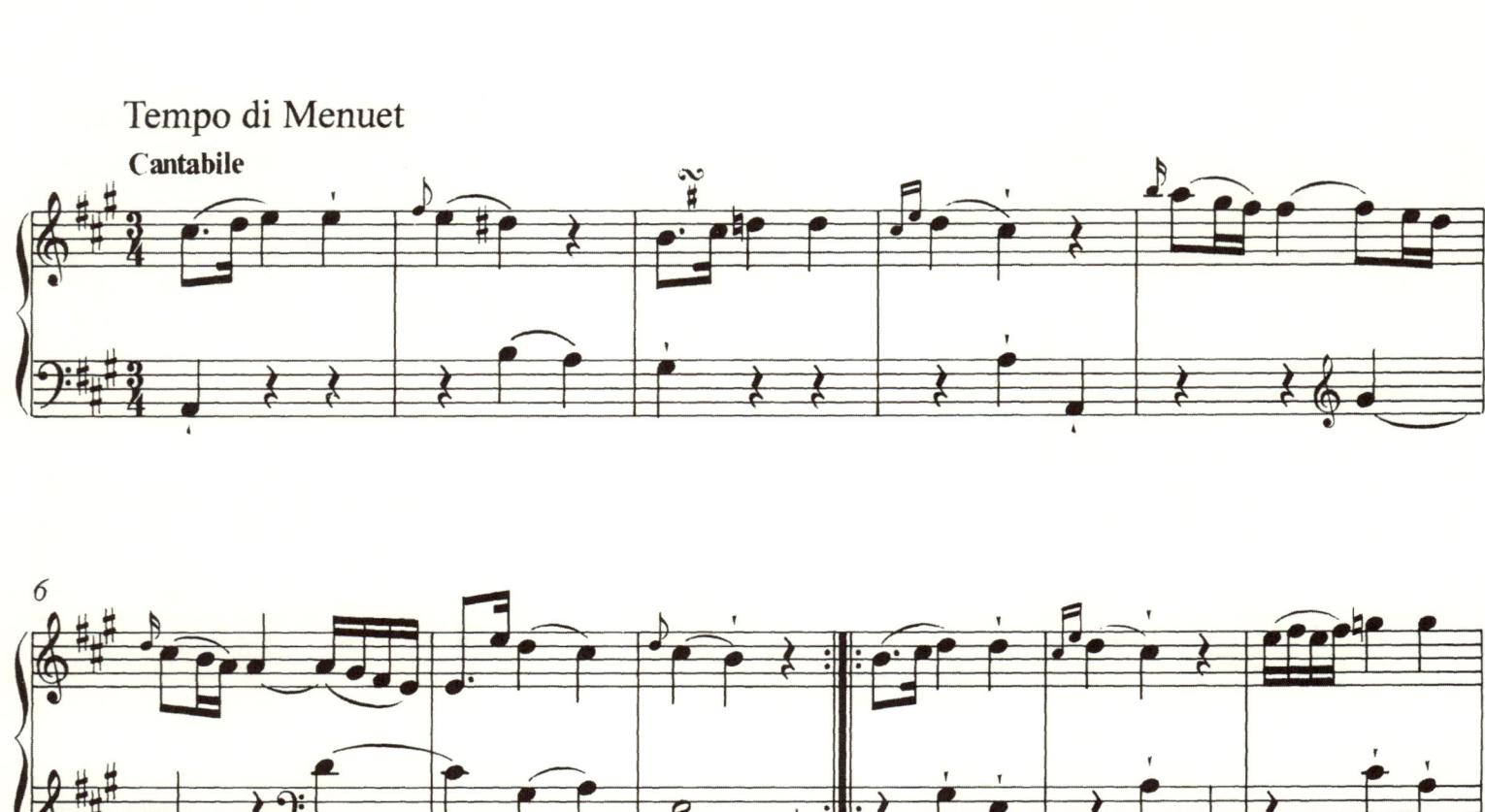

Var. I

Var. III

116

Sonata V

Hob. XVI: 31

128
K 122

Sonata VI

Hob. XVI: 32

Menuet

Menuet da Capo

Dedicate alle ornatissime Signore Caterina e Marianna d'Auenbrugger

6 Sonate
per il Clavicembalo o Forte Piano

Wien, 1780

Avvertimento
Tra queste sei Sonate vi si trovano due Pezzi che cominciano con alcune battute del l'istesso sentimento, cioe l'Allegro scherzando della Sonata N°. II, e l'Allegro con brio della Sonata N°. V. L'Autore previene averlo fatto a bella posta, cangiando pero in ogn' una di esse la Continuazione del Sentimento medesimo.

Sonata I

Hob. XVI: 35

Sonata II

Hob. XVI: 36

Menuet

162

K 122

Sonata III

Hob. XVI: 37

Largo e sostenuto

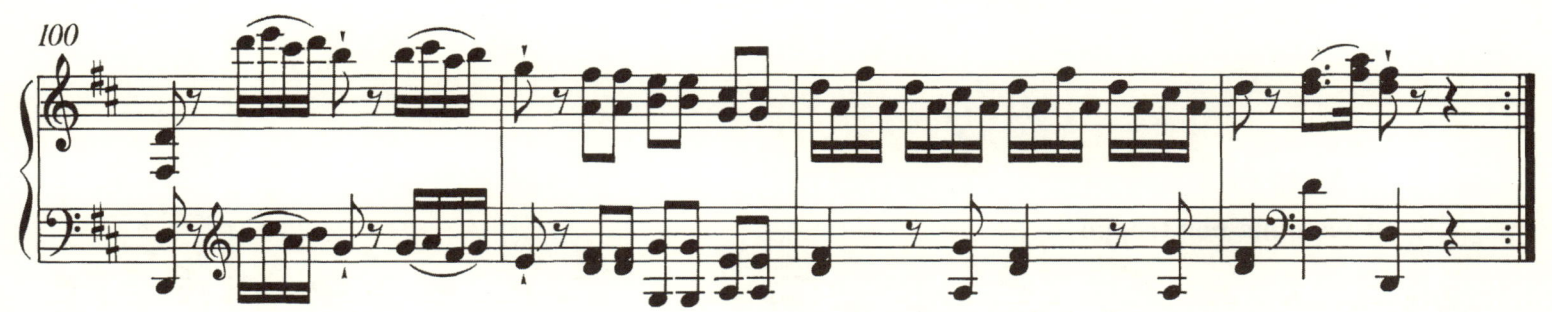

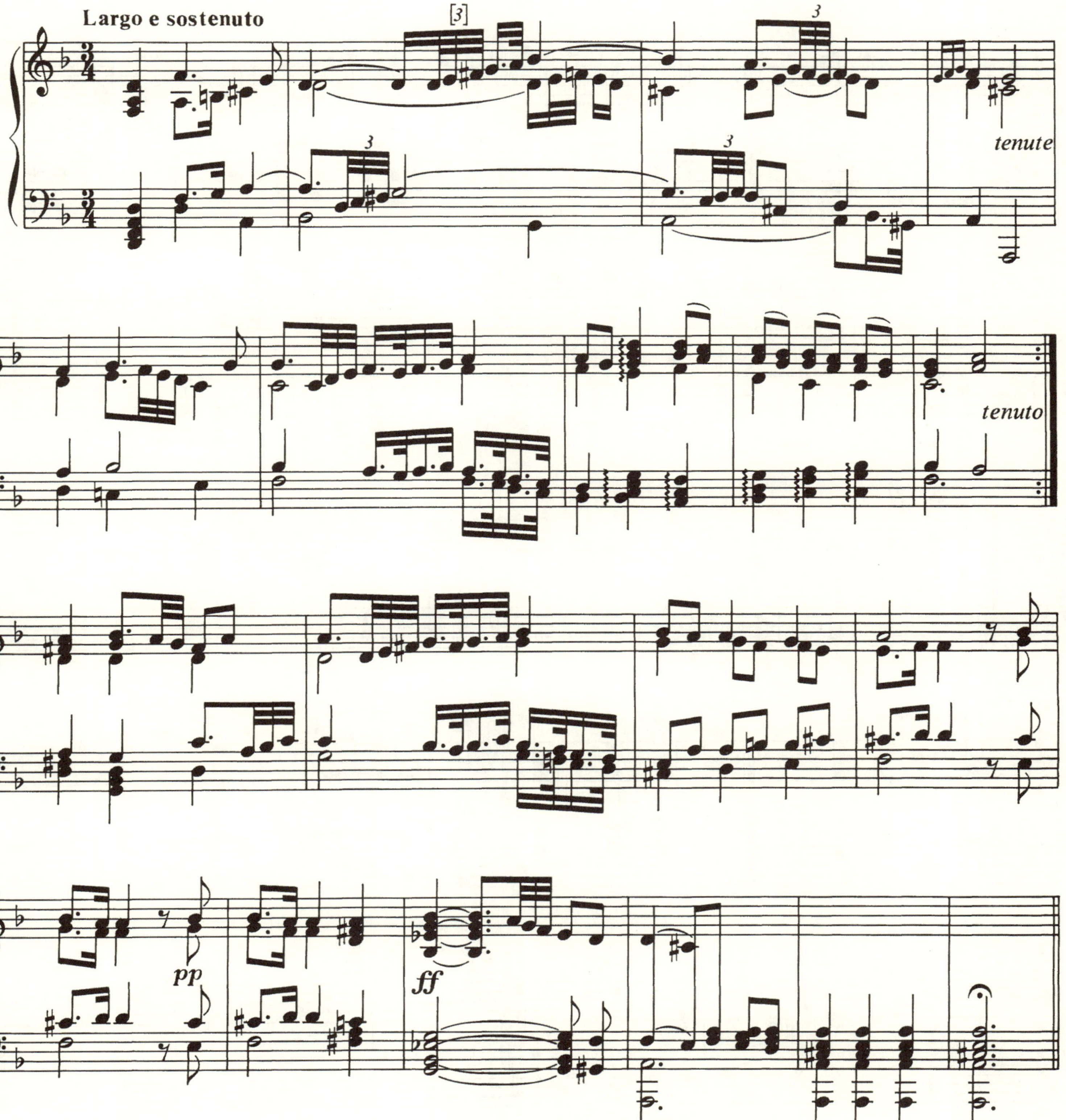

Attacca subito Finale

Finale
Presto ma non troppo

Da capo sin al segno

K 122

Sonata IV

Hob. XVI: 38

Da capo sin al segno

Sonata V

Hob. XVI: 39

Sonata VI

Hob. XVI: 20

K 122

MUSICA PIANO

**OVER 25.000 PAGES OF PIANO
MUSIC SHEETS ONLINE**

Bach, Beethoven, Brahms, Chopin, Czerny,
Debussy, Gershwin, Dvořák, Grieg, Haydn,
Joplin, Lyadov, Mendelssohn-Bartholdy, Mozart,
Mussorgsky, Purcell, Schubert, Schumann,
Scriabin, Tchaikovsky and many more

K 122

KÖNEMANN

© 2018 koenemann.com GmbH
www.koenemann.com

Editor: Miklós Dolinszky
Responsible co-editor: István Máriássy
Technical editor: Dezső Varga
Engraved by Kottamester Bt., Budapest

ISBN 978-3-7419-1482-9

Printed in China by Reliance Printing